PRIX: 0.50c

1888

PRIX: 0.50c

Matin-Salon

PAR GUSTAVE GŒTSCHY

SGAP
l'Échelle, 3

PARIS

BUREAUX DU MATIN
25, rue d'Argenteuil, 25

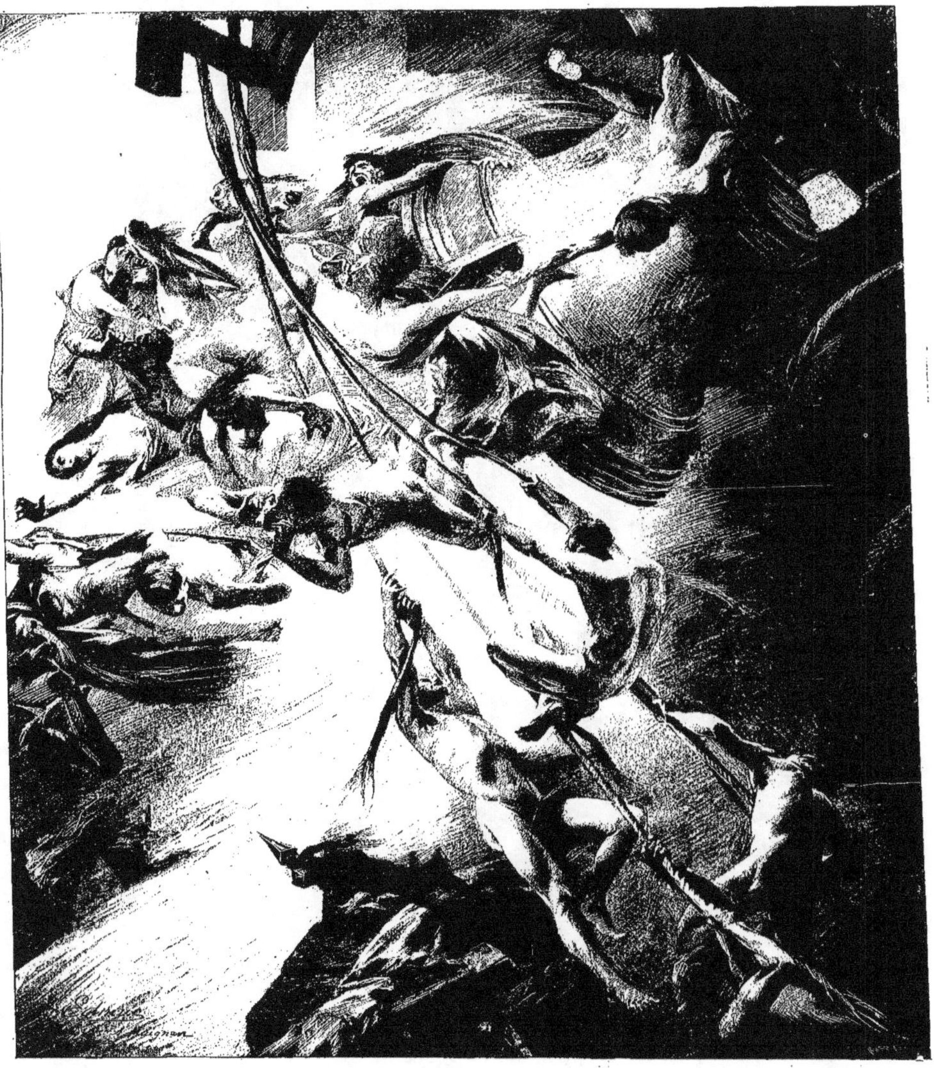

ALBERT MAIGNAN. — *Les voix du tocsin.*

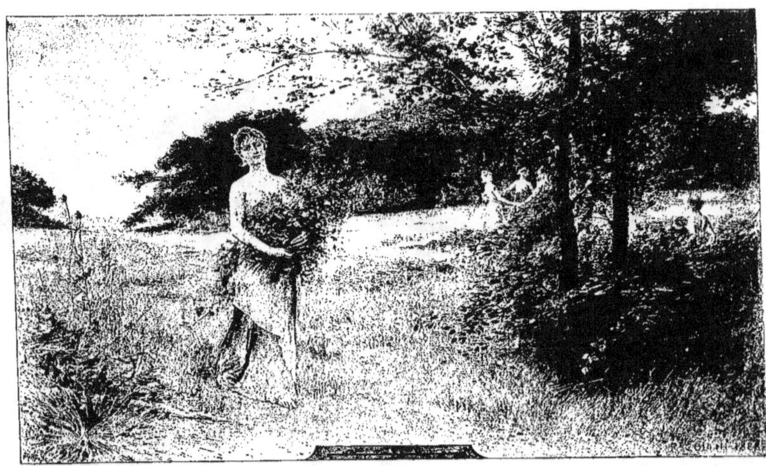

Raphaël Collin. — *Fin d'Été.*

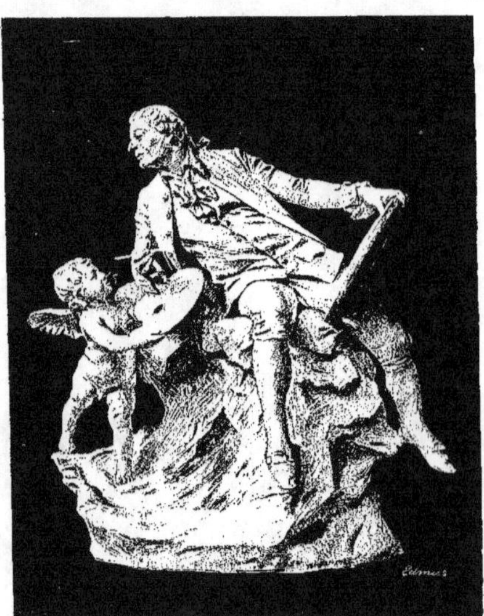

Aubé. — *François Boucher* (statue en plâtre).

Au début de ce supplément illustré sur le Salon de 1888, je crois de mon devoir d'avertir le lecteur humblement et loyalement, ainsi que je le fais chaque année, qu'il ne doit pas s'attendre à y trouver un examen complet et détaillé du Salon. Mon unique dessein est de noter de mon mieux, à son intention, la physionomie générale de l'Exposition des Champs-Élysées et de lui fournir, en ces pages hâtives, à côté de reproductions dignes de son attention et de son intérêt, un rapide aperçu des principales œuvres qu'elle contient.

Et d'abord, ce qu'il faut constater avant tout, c'est l'indéniable supériorité de ce Salon sur ceux de ces années passées. Déjà l'exposition de l'an dernier témoignait d'un effort considérable et d'une très vive émulation chez nos artistes. Cette année l'émulation paraît avoir été plus vive encore et l'effort, mieux dirigé sans doute, a donné de plus heureux résultats.

L'évolution qui s'est récemment accomplie dans l'art et qu'on a — du diable si je sais pourquoi ! — baptisée du nom d'évolution naturaliste, a déjà, pour nos peintres, été profitable et féconde, et l'on en goûte aujourd'hui les bienfaits. Parti des ateliers de quelques artistes, assez maîtres de leur talent pour n'avoir besoin d'imiter personne, assez indépendants, assez fiers aussi, pour narguer les colères et dédaigner les dédains, le mouvement a gagné de proche en proche ; il s'est rapidement étendu sur les deux rives, en province ensuite, à l'étranger, et jusque dans les officines académiques, où des messieurs très décorés professent la peinture à leurs élèves à la façon dont les maîtres-queux professent la cuisine à leurs marmitons. Toutes les écoles assemblées perdraient leur temps à tenter de l'enrayer à cette heure et, loin d'être arrêté par elles, il les emportera quelque jour, à la barbe de M. Cabanel et au nez de MM. Bouguereau, Gérôme et consorts.

La plupart des tableaux du Salon de 1888 attestent chez leurs auteurs la constante préoccupation des tendances et des procédés de l'art nouveau, ou, pour dire mieux, de l'art renaissant — car les maîtres des temps passés eurent, autant que personne en ce temps-ci, le mépris de la convention et le souci continuel d'exprimer la réalité des choses. Ils les ont peints devant la nature, avec plus ou moins de bonheur, mais de bonne foi, sincèrement, sans tricheries, et c'est ce qui vaut surtout à ce Salon de présenter de l'intérêt et de la variété.

Si rapide qu'ait été mon examen, j'ai été frappé, comme vous le serez assurément tantôt, de voir tant de bonnes œuvres ayant, par-devant le jury, conquis le droit à la cymaise, et dignes d'y figurer, signées de noms que l'on ignorait hier encore. A tous les coins du Salon, c'est comme une floraison de jeunes talents, une poussée d'artistes nouveaux, hardis, vaillants, épris de leur art et sachant bien leur métier. Les étrangers, à dire vrai, figurent dans le nombre pour une assez large part, mais je gagerais volontiers que presque tous ces étrangers-là sont déjà de chez nous et qu'ils ont choisi Paris comme pays d'adoption.

Du Salon de l'an dernier j'ai dit que c'était un Salon *gris*. J'entendais par là que le plus grand nombre des tableaux qu'on y rencontrait avaient été peints en plein air « soit dans la lumière éparpillée du grand jour, soit sous le plein soleil qui mange les ombres, sèche les contours et décolore les objets, soit dans la clarté molle, enveloppante et ouatée des journées sans rayons ». Ce que je disais de ce Salon-là, je le redirai de celui-ci. Beaucoup des œuvres exposées sont des tableaux de plein air et la tendance au gris s'y accuse, parfois, un peu trop. Il devait en aller ainsi ! La peur d'un mal a conduit nos artistes dans un moindre. On voulait éclaircir la palette, on l'a trop éclaircie, et la haine de la peinture au bitume nous a valu l'abus de la peinture à la craie. Il n'y a pas à s'en inquiéter autrement. Toute révolution, si pacifique et si bienfaisante qu'elle soit, n'est-elle pas toujours suivie de quelques excès ? La réaction s'opérera d'elle-même, insensiblement et presque sans qu'on y songe.

Jadis, pour tout salonier soucieux d'exercer régulièrement son état, l'usage était de diviser les œuvres d'un Salon en autant de catégories qu'on comptait de genres et d'en passer ensuite l'examen à la place marquée par ce classement. La Mythologie, le Nu, l'Histoire et les autres genres avaient ainsi chacun son chapitre où les tableaux venaient se placer tour à tour. Les genres, aujourd'hui, se sont à ce

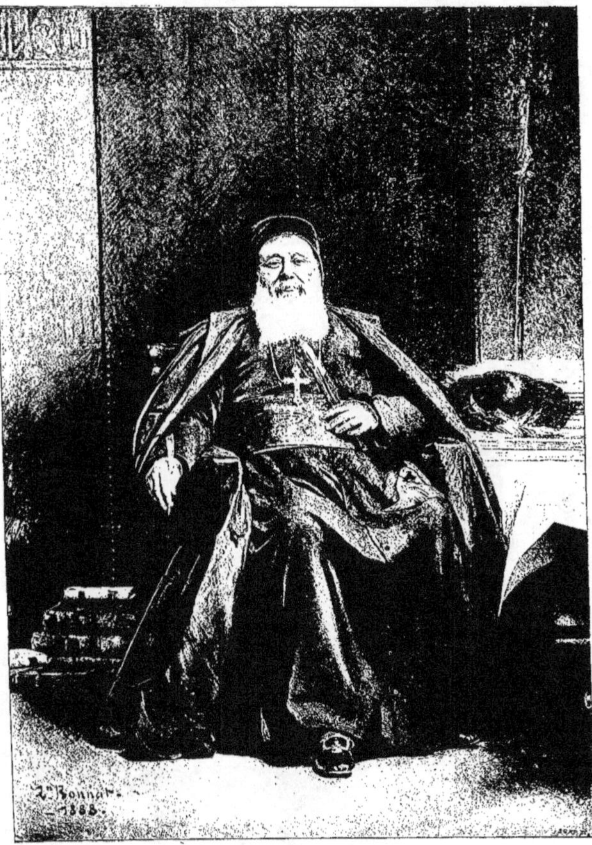

LÉON BONNAT. — *Portrait du Cardinal de Lavigerie.*

point confondus, que pour l'écrivain d'art il est devenu bien malaisé de procéder de cette façon.

Des tableaux mythologiques ou religieux, des tableaux d'histoire, on en trouve — Dieu merci ! — de moins en moins à nos expositions. Il faut, bon gré mal gré, que l'Institut en fasse son deuil ! Ce qui fut autrefois « la grande peinture » et nous valut tant de plates tartines et de si méchants tableaux, ce qui la fut se meurt, ce qui la fut est mort ! Nos cœurs ne s'enflamment plus aux exploits des héros de l'antiquité ; les misères des martyrs et des saints n'émeuvent plus nos âmes, et pas plus que nous nos peintres n'en ont souci. C'est, avant tout, la modernité qui les attire. Ils s'efforcent presque tous à représenter ce qui s'accomplit sous leurs yeux, dans la constante familiarité de leur vie.

Et comme ils s'appliquent aux mêmes recherches, ils se rencontrent sur des sujets de même sorte. La plupart des exposants au Salon de cette année n'ont eu qu'un souci : exprimer dans leur réalité les occupations, les habitudes, les caractères, les gestes et les airs des gens de leur époque. Que si, par exception, l'idée leur est venue d'emprunter le sujet de leur toile à quelque vieux mythe endormi dans la poussière des légendes, ils l'ont transporté dans ce temps-ci, modernisé, comme fit Ernest Duez quand il peignit son saint Cuthbert, et comme ont fait bien d'autres avec lui.

Voilà pourquoi les scènes de la vie familière occupent une si grande place à cette exposition, et voilà pourquoi vous n'y trouverez que fort peu de ce qu'on y voyait foisonner autrefois, au temps où les Marguerite et les Faust d'Ary Scheffer faisaient rêver les jeunes filles, et où, devant les tableaux de Paul Delaroche, des familles entières se trempaient de larmes.

II

L'un des premiers tableaux que l'on aperçoit en entrant au Salon est celui de M. Ferdinand Humbert qu'il intitule : *Maternité*; et c'est aussi, pour son mérite et pour son importance, un des premiers dont il convient de parler.

La *Maternité* forme tryptique et comprend donc trois sujets. Au milieu du panneau, le long d'un sentier bordé de pommiers et qui serpente à travers la verdure, une femme portant deux enfants sur les bras s'avance lentement. Elle a les regards baissés vers la terre et, sur son front, on lit ce souci grave et doux que donne la maternité. L'un des enfants, un garçonnet, s'accroche à son épaule, œil souriant, mine éveillée. L'autre, une fillette encore au maillot, avec un geste enfantin, tend vers son aîné sa petite main. Sur le panneau de droite, un talus planté d'herbes et dont le sommet est bordé de maigres arbustes. Un soldat y vient d'expirer, atteint d'une balle en plein front. Sur le panneau de gauche, un coin de campagne aride où peine une fille des champs, femme tout juste, vieille et flétrie déjà par la fatigue et par le travail.

C'est, mélancoliquement contée, l'histoire des pauvres gens. Quand la mère les a nourris, élevés, vus grandir à ses côtés, la misère, un matin, les chasse du logis et le pays les réclame afin qu'ils aient à lui

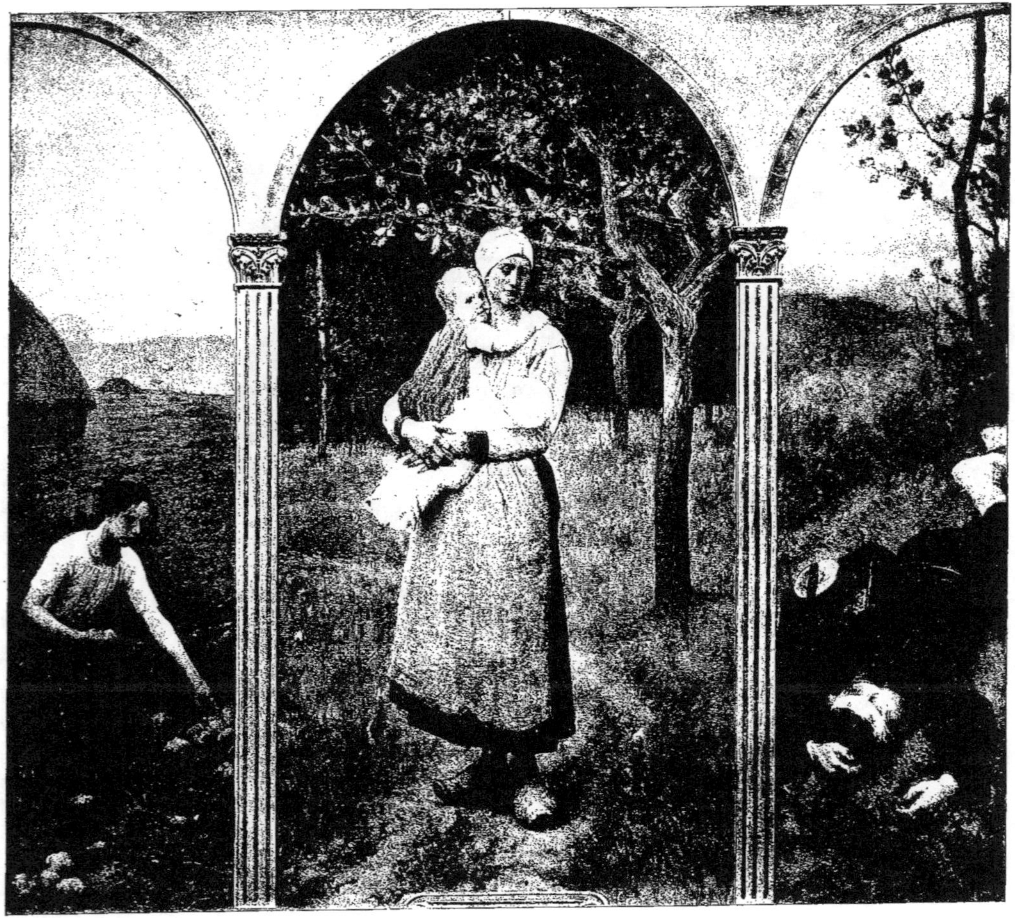

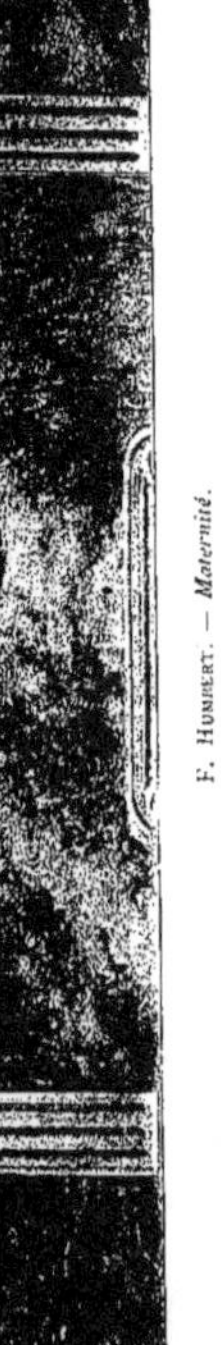

F. Humbert. — *Maternité.*

payer l'impôt du sang. Bête de somme ou chair à canon : voilà ce qu'ils seront un jour ; elle, pliée sous l'inflexible labeur, lui, fauché par un coup de mitraille en quelque lointaine solitude. Chemin faisant, la paysanne pense à tout cela et, sentant son cœur se serrer, elle étreint sur son sein ses petits plus étroitement.

Le tableau de M. Humbert est une belle œuvre. Il est ordonné magistralement, peint avec un grand savoir et une vigueur rare. La figure de la mère et celles de ses deux enfants ainsi rapprochées forment une harmonie charmante et le paysage est d'une grande fraîcheur, transparent et profond.

M. Duez a reçu mission, l'an passé, de peindre pour la Sorbonne un *Virgile*. Il figure au Salon de cette année, et M. Duez est assuré d'emporter avec lui un très vif succès.

Pour la bonne exécution de ce tableau l'on ne pouvait faire un meilleur choix que celui de M. Duez. Nul, en effet, n'est épris plus que lui de ces coins de nature où le chantre d'Aristée aimait à promener ses rêveries : prairies à l'épaisse verdure où, le long de leurs rives embaumées, les ruisselets, gazouillant et babillant, s'en vont leur chemin ; bosquets emplis d'une fraîcheur éternelle et sur lesquels descend une paix sereine, à la tombée du jour. En ce Parisien bon enfant un poète sommeille : le poète des falaises solitaires et des flots moutonnant sous la brise des nuits.

M. Duez a composé sa décoration très simplement. Il nous montre Virgile errant au travers d'un bois dont les arbres, avec leurs fûts entrelacés, occupent tout le fond du tableau. La figure est d'un beau style et s'harmonise très délicatement avec le ton des branches et celui des terrains.

C'est à la Sorbonne

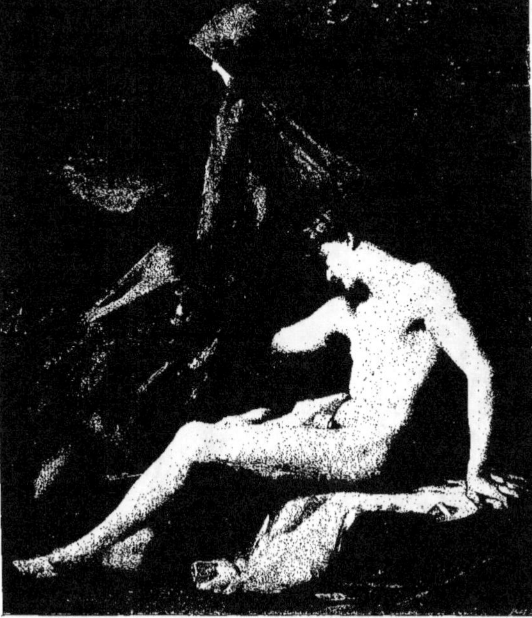

Henner. — *Saint Sébastien.*

également qu'est destinée la très vaste composition que M. François Flameng expose cette année. Elle figurera plus tard — quand on aura construit le monument — sur les murs de l'escalier d'honneur vis-à-vis de l'*Abélard* qu'envoyait M. Flameng au Salon de l'an dernier.

Le sujet en est emprunté à l'histoire même de la Sorbonne. Il représente le cardinal de Richelieu posant, en présence de l'architecte Lemercier, la première pierre de son église.

L'artiste a composé son tableau d'originale façon. Il en a relégué la scène principale au second plan, et mis au premier ce qui, logiquement, ne devrait en être que l'accessoire. Assurément l'œuvre y gagne au point de vue de son effet pittoresque et de son originalité.

Le Cardinal, suivi de ses gentilshommes et de son clergé, s'est avancé sous un dais jusqu'au pied du monument dont le soubassement est achevé. La truelle à la main, il fait le geste consacré. Un vaste échafaudage, en avant du tableau, barre toute la composition. Des architectes et des ouvriers y sont pittoresquement groupés. Il en est un qui, pour bien

voir s'est hissé sur un madrier ; un autre, moins curieux, tourne le dos à la scène. A distance respectueuse de l'homme rouge et de son escorte, on aperçoit la foule des badauds venus de tous les points du quartier pour assister à la solennité. Sur le fond du tableau les monuments du Paris de ce temps-là dessinent leur silhouette.

La scène est habilement composée et certains morceaux du tableau sont dessinés et peints très sûrement. L'œuvre, au point de vue de son arrangement et de son exécution, est supérieure assurément à tout ce que M. Flameng nous avait montré jusqu'ici.

C'est à la Sorbonne encore que doit figurer l'important tableau de M. Benjamin Constant, qu'il intitule : l'*Académie de Paris, les Lettres, les Sciences* et qui nous montre une série de figures allégoriques assez ingénieusement groupées.

Occupé, vraisemblablement tout entier du soin de mener à bien son bel ouvrage sur l'armée française, M. Detaille avait depuis quelque temps cessé d'apparaître à nos Salons. Il y a fait triomphalement sa rentrée cette année avec un grand tableau qui s'appelle le *Rêve* et qui sera certainement l'un des *clous* de ce Salon-ci.

Une plaine, le soir. Un régiment y a fait halte, on a formé les faisceaux, mangé la soupe et puis l'on s'est étendu sur la dure. Las du labeur de la journée, bien gardé par ses sentinelles, le camp dort à poings fermés. Sur le clair du ciel, s'allongeant dans la nuit à perte de vue, passe, emportée par un galop furibond, une glorieuse chevauchée. C'est un défilé triomphal de tout ce que la France a compté de grands hommes de guerre et de tout ce qu'elle a produit de guerriers fameux. Pendant que la longue théorie s'en déroule, sous le scintillement des étoiles, un homme se soulève et semble interroger l'horizon.

C'est la seconde fois que M. Detaille s'entreprend à un tableau de cette importance. Au Salon de 1883, si ma mémoire est fidèle, il nous avait montré une *Distribution des Drapeaux* qui contenait des morceaux de premier ordre. Il s'en fallait de beaucoup cependant que cette première œuvre eût la valeur de celle-ci. Peut-être en jugera-t-on la coloration générale un peu sèche, mais sans trouver à contester, on en admirera la magistrale ordonnance et le superbe dessin, ce dessin ferme, serré, précis, instrument impeccable entre les mains de l'artiste que nulle difficulté n'arrête, et de l'observateur à l'œil de qui rien n'échappe.

Un tableau qui va solliciter vivement aussi et, très justement, l'attention du public est celui qu'expose M. Maignan : les *Voix du Tocsin*. La composition en est dramatique et le mouvement d'une fière envolée. Il y passe comme un lointain souvenir de la *Marseillaise* de Rude.

Peut-être que la pensée ne s'en démêle pas assez nettement et que, dans le tableau, chacune des *voix* n'a pas sa fonction suffisamment

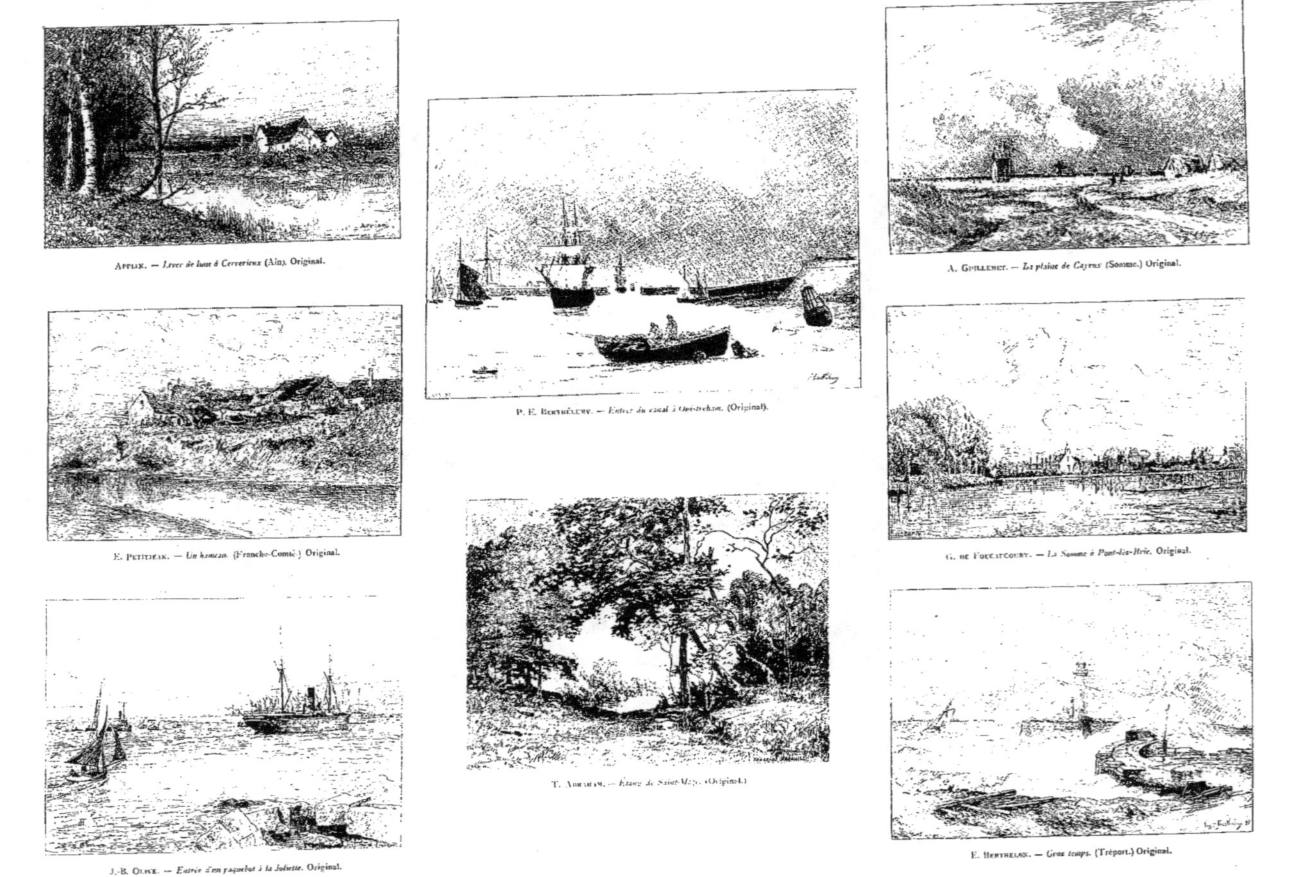

APPIAN. — *Lever de lune à Cervevieux (Ain).* Original.

P. E. BERTHÉLEMY. — *Entrée du canal à Ouistreham.* (Original).

A. GUILLEMET. — *La plaine de Cayeux (Somme.)* Original.

E. PETITJEAN. — *Un hameau. (Franche-Comté.)* Original.

G. DE FOUCARCOURT. — *La Somme à Pont-lès-Brie.* Original.

T. ANNAIS. — *Étang de Saint-Maye.* (Original.)

J.-B. OLIVE. — *Entrée d'un paquebot à la Juliette.* Original.

E. BERTHELON. — *Gros temps. (Tréport.)* Original.

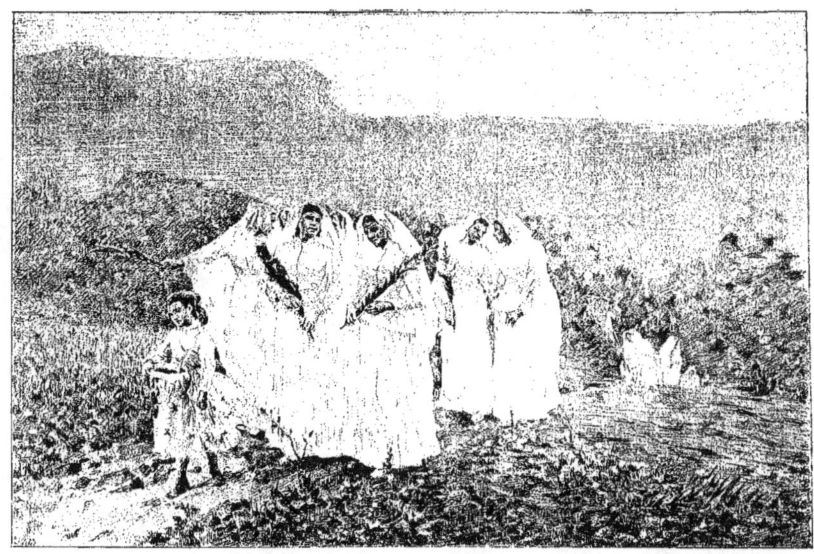

Jules Breton. — *Jeunes filles se rendant à la procession.*

précisée... Il n'en est pas moins, ce tableau, d'une conception originale et hardie, très crânement exécuté. Les physionomies et les attitudes y expriment bien l'épouvante, et les figures — celles des trois sonneurs notamment — sont d'une anatomie exacte et serrée.

M. Roll est un fidèle de nos Salons, qui se plaît à varier chaque année le caractère et le sujet de ses envois. Assurément ce n'est pas à lui que l'on pourra reprocher jamais de se cantonner dans un genre! Il s'attaque à tous indifféremment, et toujours avec la même vaillance, un jour peintre du nu, peintre de soldats une autre fois, portraitiste, animalier, paysagiste et décorateur quand il lui plaît.

Ses deux envois à ce Salon sont tous les deux excellents. L'un nous montre, en un coin de verger très ombragé et dont l'épaisse verdure est éclaboussée, de-ci de-là, par le soleil, une paysanne accorte rentrant à la ferme avec un seau tout plein de lait. La *Laitière* est derrière elle, arrêtée sur ses quatre pieds, dans sa tranquillité de ruminant qui se prépare à goûter l'herbe fraîche.

Le second est un portrait équestre, celui, si je ne me trompe pas, du fils du peintre. Le cavalier a de l'assiette; il est bien en selle sur sa bête qui l'emporte d'un trot d'enfer.

Les deux œuvres ont les qualités qui caractérisent bien le talent du peintre : la sincérité, la souplesse et l'éclat dans la coloration, la solidité.

Je disais plus haut que le souci des peintres de ce temps, — alors même qu'il leur a pris fantaisie d'aller puiser le sujet de leurs œuvres, ou dans les mythologies ou dans les recueils d'histoire — était avant tout, d'exprimer la nature et

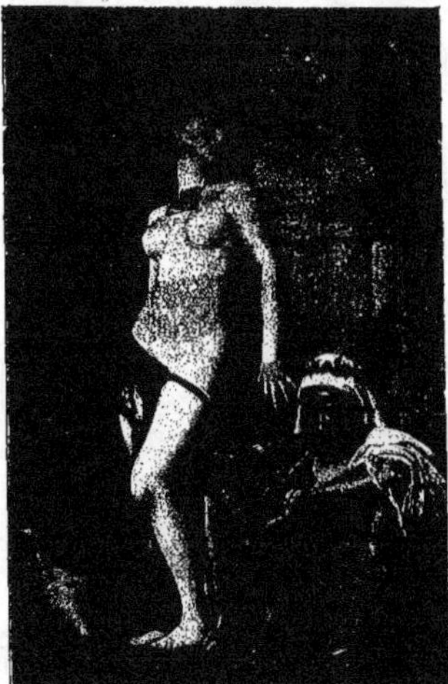

Boulanger. — *Esclave à vendre.*

c'est le *Saint Sébastien* de M. Henner qui m'en fournira la preuve Du temps, sans doute, où il susait le lait des doctrines de l'École des Beaux-Arts M. Henner a gardé la très inoffensive habitude — c'est, par bonheur pour nous la seule qu'il en ait gardée! — de donner aux personnages de ses tableaux des noms de saints ou de héros. Que d'adorables, et que de superbes morceaux de nu, s'appellent aux livrets: Madeleine et Saint-Jean-Baptiste et n'en sont pas moins de superbes et adorables morceaux de nu.

Tel le *Saint-Sébastien* de cette année. Il faut se montrer ménager de certains vocables afin de n'en point diminuer la portée. — Le mot chef-d'œuvre est de ceux-là. — Je n'hésite pourtant pas à le prononcer ici.

Ce morceau de nu, ou ce *Saint Sébastien*, comme il vous plaira, est un chef-d'œuvre. Modelé avec une étonnante souplesse et une science infinie, il jaillit de l'ombre avec une intensité saisissante et une émouvante réalité.

Il pourrait bien arriver que le superbe tableau de nu « The Tub » que M. Gervex expose à ce Salon effarouchât des pudeurs et forçât quelques pudibonds faces à main à se détourner. Celui-là ne doit rien aux mythologies, et ce n'est pas non plus dans la *Vie des Saints* que l'auteur en est allé chercher le sujet. Il l'a pris dans son temps, au plein cœur de ce Paris mondain, où florissent toutes les élégances et qui professe au monde entier le goût et la grâce.

Nous voilà transportés dans un boudoir élégant, à l'heure où la mondaine, à peine éveillée, procède à sa toilette matinale. Elle est debout, les cheveux dénoués, glissant avec un geste frileux les bras dans les manches du peignoir que lui tend sa femme de

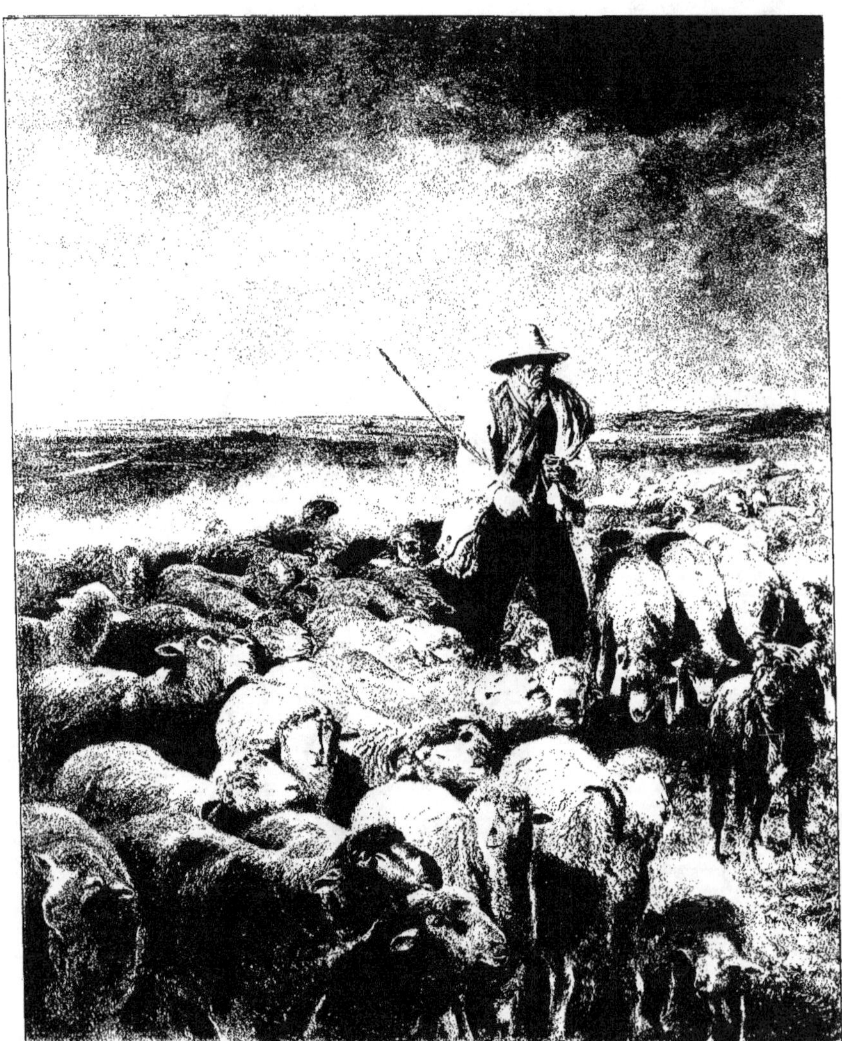

CHARLES JACQUE. — *Le grand troupeau au pâturage.*

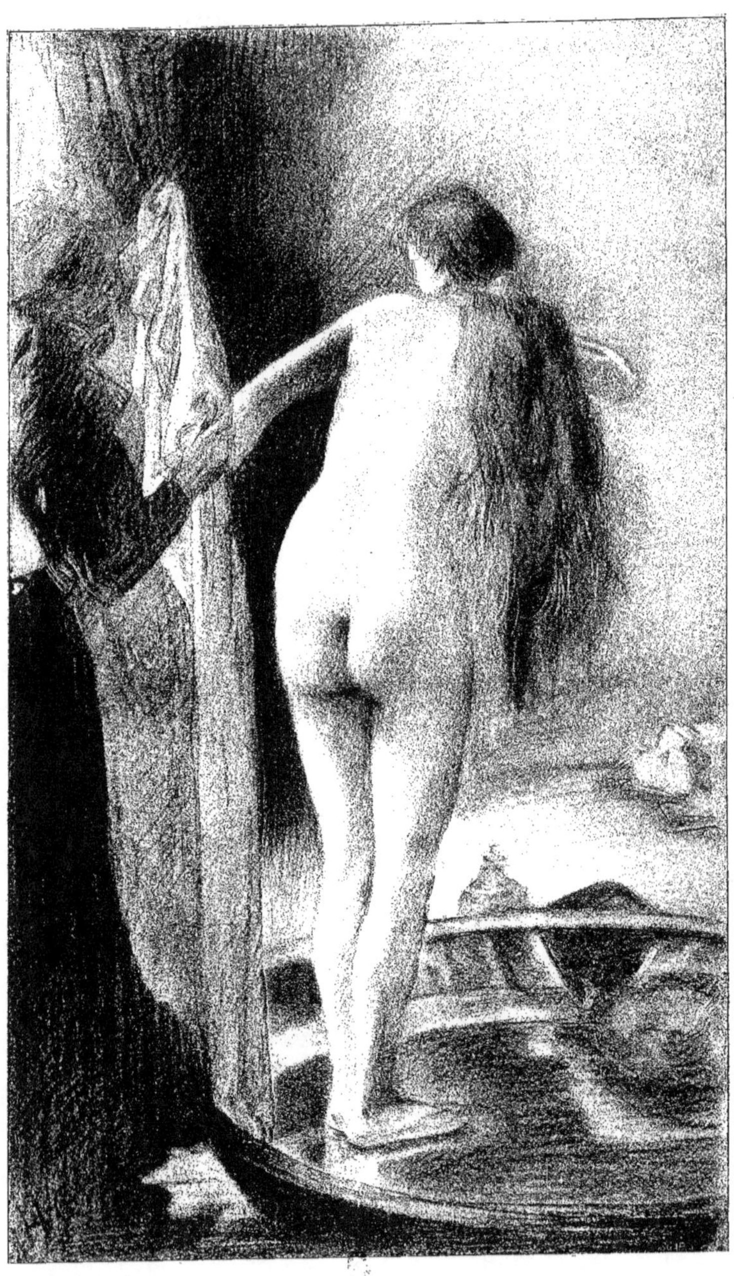

Henri GERVEX. « *THE TUB* »

Reproduction en trois couleurs d'un dessin original.

SGAP, graveur.

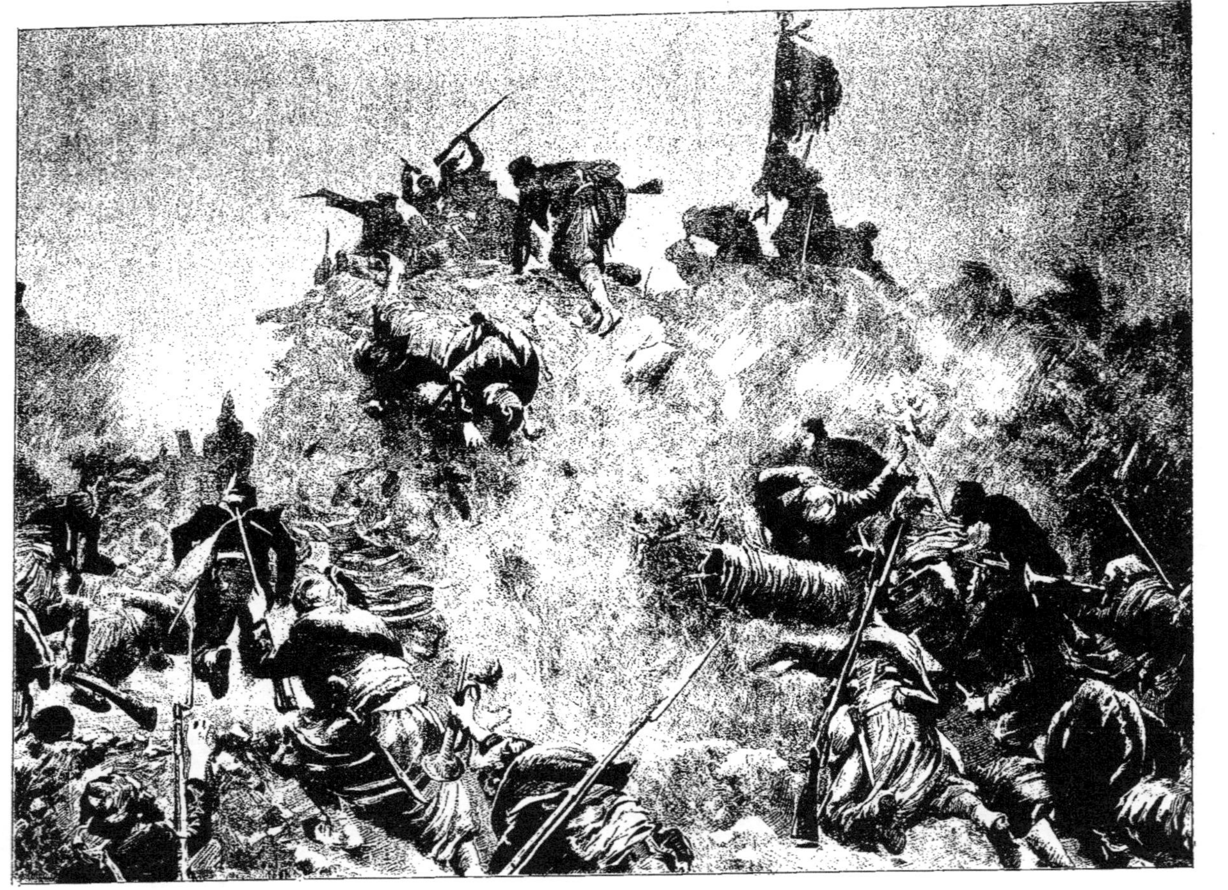

COUTURIER. — *Le 1er régiment de Zouaves à l'assaut de Malakoff.*

chambre. Un clair rayon de jour, glissant par les rideaux entr'ouverts, vient caresser doucement sa nudité rose et blanche.

Dans cette œuvre exquise de tous points, M. Gervex affirme une fois de plus la force et la souplesse de son talent. On l'y revoit, avec toutes ses qualités de coloriste délicat et puissant, le peintre savant et sincère, épris de modernité, occupant sans cesse son esprit de nouveaux projets et de recherches nouvelles.

C'est un charmant tableau que le panneau décoratif *Fin d'été*, que nous montre M. Raphaël Collin.

Dans un paysage découvert et dont les verdoyants horizons se fondent au loin dans la transparence du ciel, une jeune femme demi-nue s'avance à pas lents, une gerbe de fleurs entre les bras, et semblant chercher la solitude. A quelque distance d'elle on aperçoit ses compagnes; plongées jusqu'à mi-corps dans l'eau d'un petit étang, elles dansent en rond, les mains enlacées.

L'*Eté* de M. Karbowski est un exquis tableau brossé d'une main délicate et savante, et traité un peu suivant le mode et les procédés de la décoration. Il nous montre une jeune femme s'occupant, après le bain, de faire jouer son enfant sur ses genoux.

Une rivière bordée d'arbres et qui reflète leurs frondaisons coule au fond du tableau. Sur sa rive une fillette et deux garçons étalent, sous le plein soleil qui baigne la prairie de sa clarté blonde, leur jeune nudité!

Le groupe de la mère et de l'enfant est d'une belle et tranquille

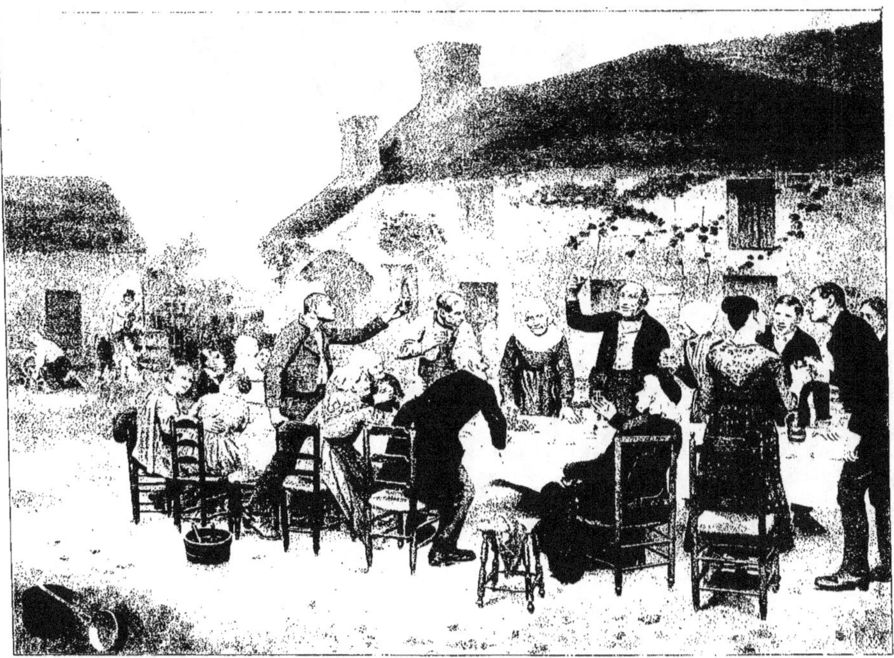

AIMÉ PERRET. — *La Cinquantaine*. (Dessin de l'auteur.)

harmonie, et la poitrine et les bras de la jeune femme sont d'un modelé ferme et délicat.

La *Pâquerette* de M. Frank Lamy montre, avec un abandon que la solitude où elle est suffit à peine à justifier, les frêles et purs contours de son corps de fillette. Etendue sur la lisière d'un petit bois, elle tient entre ses doigts fuselés la fleur symbolique et la consulte en souriant.

Parmi les beaux portraits que contient ce Salon, il en est un qui sera plus particulièrement remarqué: c'est celui du cardinal de Lavigerie par M. Léon Bonnat.

Le prélat est assis près de sa table de travail. La plume aux doigts, il semble attendre, d'ailleurs très patiemment, que l'artiste ait terminé sa besogne pour s'en retourner à la sienne. Portrait superbe, exécuté solidement, d'un modelé robuste et savant, vivant comme la vie même.

Avec son cardinal, M. Bonnat expose un portrait de M. Jules Ferry, œuvre plus intime, et traitée avec une plus grande liberté, mais tout aussi puissante et enlevée de verve avec la même crânerie.

M. Carolus Duran nous montre cette année, avec celui de M. Français, un très remarquable portrait de sa fille, l'un des meilleurs assurément que l'on ait vus de lui. La figure a une expression charmante et elle est peinte à ravir.

Il eût été singulier que M. Carnot n'eût pas un portrait, au moins, au Salon de 1888. Il n'en a qu'un, mais il l'a.

Ce portrait est de M. Yvon, le peintre ordinaire des Excellences dans le court espace de temps qui sépare de son retrait la remise du maroquin.

M. Carnot a posé debout dans sa grande tenue de Président de la République, c'est-à-dire en habit noir, avec la plaque et le grand cordon. Il fixe droit devant lui. L'expression de son visage est tellement sévère, qu'on ne peut se défendre de penser, en le regardant : « Mon Dieu, comme nous avons un président qui n'a pas l'air gai! » Le portrait au reste n'est pas sans mérite et il tiendra très bien sa place sur le panneau blanc et or de quelque salon officiel.

M. Moreau de Tours ne fait pas sa spécialité de
la peinture militaire, mais il ne lui déplaît pas
d'excursionner de temps en temps de son côté. Son
envoi au Salon de cette année s'appelle le *Drapeau*.
Après la bataille, les hommes qu'on a chargés d'aller,
sous la conduite de deux de leurs chefs, ramasser
les morts, ont découvert, en un coin de terre labou-
rée, le corps d'un officier. Autour de lui la lutte
a été chaude ; le sol est piétiné, déchiqueté, labouré
et plus d'un soldat y dort son dernier somme, les
membres raidis, fixant le ciel obstinément de ses
yeux ouverts. Cet officier était le porte-drapeau du
régiment et ses compagnons et lui se sont fait, sans
reculer d'un pas, tuer pour sa défense. Ses doigts
crispés en serrent encore la hampe et l'on dirait
qu'il a voulu mourir dans ses plis. Pendant que l'un
des soldats soulève le cadavre, les deux officiers
se découvrent en envoyant au mort le dernier salut.

La scène est émouvante et elle est bien contée.

La *Faneuse* de M. Feyen-Perrin, qui s'appuie
nonchalante au tronc d'un arbre, est de la lignée des
belles filles que les grands rustiques célébraient
au temps jadis. Elle a leur beauté robuste et leur
fière allure.

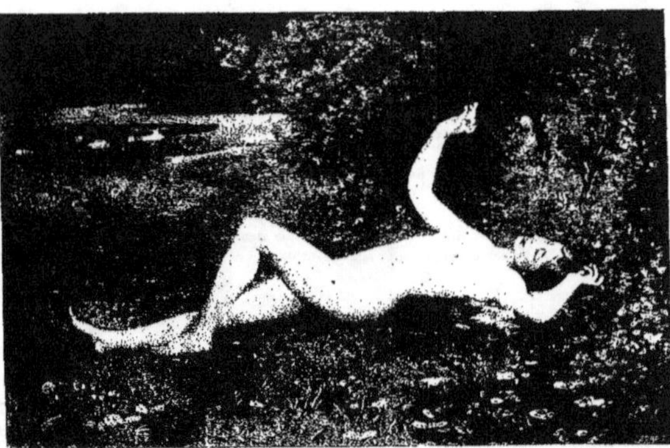

F. LAMY. — *Pâquerette*.

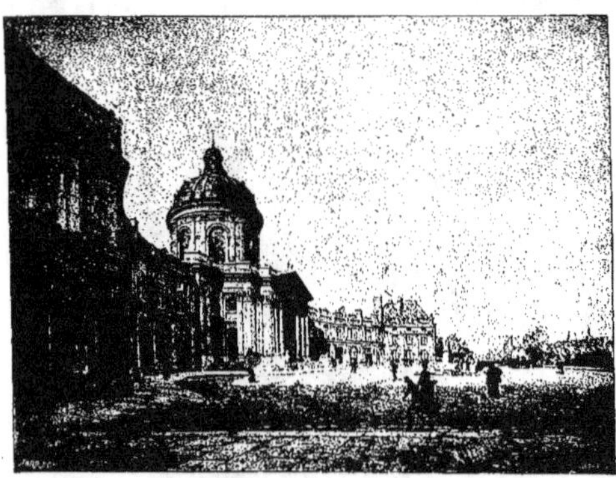

E. LANSYER. — *L'Institut de France*.

Le *Lac d'Enghien*, de M. Béthune, est un aimable
tableau, empreint d'un sentiment très fin de la modernité.
Une jeune femme est assise dans un bateau, le regard fixé
droit devant elle, l'esprit sans doute occupé de quelque
amoureuse rêverie. La tête est dessinée finement et le
corps de la rêveuse se silhouette agréablement sur le fond
de verdure du tableau.

M. Bettanier expose cette année, comme les précédentes,
une toile où perce, ainsi qu'à l'ordinaire, un ardent désir
des revanches prochaines.

Le tableau s'intitule ainsi : *Pour la France ! En Lorraine*.
Accompagné par son père et sa mère en larmes, un jeune
Lorrain qui ne veut pas servir chez l'ennemi vient de
gagner la frontière. Encore quelques pas à faire et il aura
touché la terre de France. Le moment est venu de se
séparer ; la mère a pris son enfant dans ses bras, et, le
front appuyé sur son épaule, elle éclate en sanglots.

La scène est contée avec émotion, et, bien que la peinture en soit un peu sèche, il y a dans ce tableau des qualités qui le feront apprécier.

Ici l'on est mieux qu'en face : c'est le titre d'un curieux
tableau que M. Marec expose à ce Salon.

En face, c'est le cimetière où quelques parents désolés
viennent d'accompagner un des leurs. Ici, c'est le cabaret
où, la cérémonie terminée, ils se sont rendus de compagnie

pour y célébrer les vertus du mort et se consoler, entre amis, du
chagrin qu'il leur a causé. A en juger d'ailleurs par l'air de
satisfaction qu'ont déjà pris certains visages, la consolation ne
sera pas longue à venir et les regrets des vivants n'accompa-
gneront pas le mort bien longtemps.

Le sujet du tableau de M. Adan : *Novembre*, est emprunté
à la vie des humbles. Le vent d'automne a passé sur la forêt
emportant les dernières feuilles et jonchant le sol de débris.
C'est le temps où les pauvres gens s'en vont faire leur provi-
sion de bois mort. Pliant sous le poids d'un fagot de branches
séchées, une vieille regagne son logis à pas lents. Œuvre
d'une exécution soignée et qui a fourni le prétexte à l'artiste d'une
belle étude de forêt.

La *Paysannerie* de M. Debat-Ponsan n'a pas de quoi nous
attrister. Un gars qui menait ses vaches à l'abreuvoir a fait,
chemin faisant, la rencontre de sa payse. Ils échangent par delà
la margelle du puits de ces doux propos qui font baisser les yeux
aux filles et leur mettent de la roseur aux joues.

M. F. Berne-Bellecour est un tout jeune artiste auquel on
peut prédire hardiment d'heureuses destinées. Son *Garde par-
ticulier* est une œuvre originale et forte enlevée avec une sûreté
de main que plus d'un ancien lui enviera.

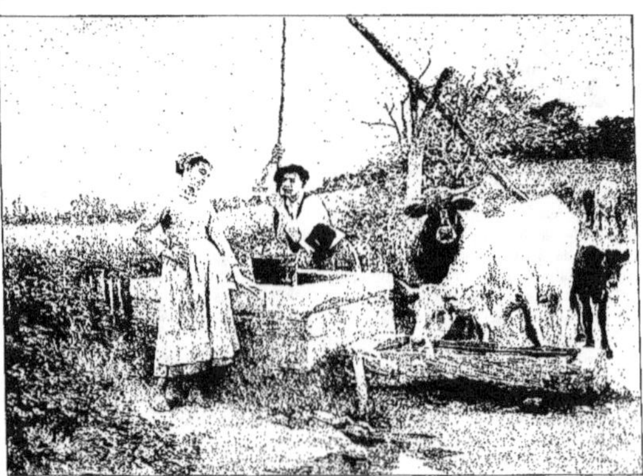

DEBAT-PONSAN. — *Paysannerie*.

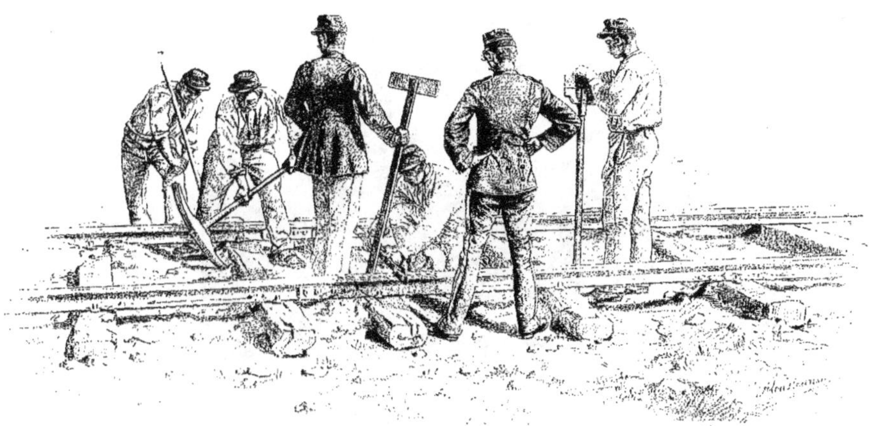

LOUSTAUNAU. — *Lancement d'un pont.* (Dessin de l'auteur. — Fragment.)

M. Jean-Paul Laurens est représenté au Salon par deux tableaux. L'un est un portrait de Mounet-Sully dans le costume d'Hamlet, l'autre représente Ophélie. Est-ce lorsqu'il songeait au premier que le désir est venu à M. Laurens de s'entreprendre au second ?

En même temps qu'un *Amour aux Champs*, toile exécutée brillamment et tout ensoleillée, où l'on voit un gars robuste embrasser une belle fille qui rit à pleines dents et ne semble pas trop marrie de l'aventure, M. Brouillet expose à ce Salon un élégant et fin portrait de Mlle Darlaud en toilette de ville.

Mlle Louise Abbéma montrait l'an passé un excellent portrait de son père. Celui qu'elle a envoyé cette année au Salon est un portrait de jeune fille. Il diffère beaucoup du premier par sa facture, mais il vaut autant que lui. Mlle Abbéma s'est plu à y faire chanter les gris et la chanson est vraiment charmante. Le visage et les mains de la jeune fille sont modelés finement sans mièvrerie ; celle qui s'appuie sur la tête d'un molosse à robe gris-souris est un vrai régal de couleur.

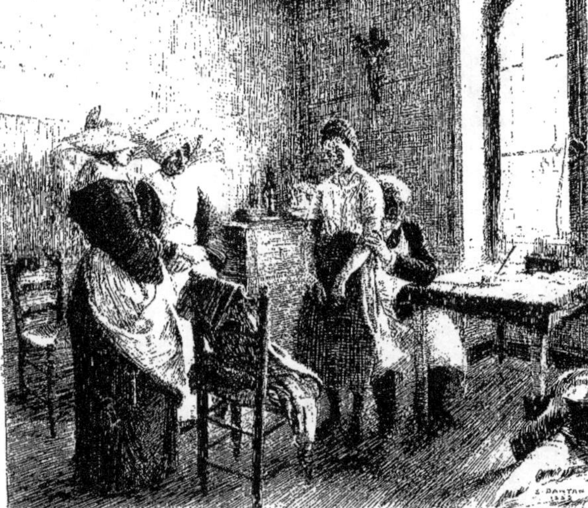

E. DANTAN. — *La Consultation.* (Dessin de l'auteur).

che. Elle a les bras et le cou nus, et tient à la main une fleur de lotus.

Hautaine, le regard mauvais, la lèvre dédaigneuse, elle semble s'apprêter à répondre à quelque propos outrageant ou reprocher à son galant, qu'on devine tout près delà, une fraude amoureuse.

Tableau d'une facture délicate et fine et d'un élégant arrangement.

Depuis plus de vingt ans, M. Charles Jacque s'était abstenu d'exposer à nos Salons. Il y reparaît cette année pour la première fois avec deux très beaux envois. Son *Grand troupeau au pâturage* est un maître tableau, largement vu et exécuté, d'un beau dessin savant, robuste et sincère.

La peinture militaire est — sans parler du tableau de M. Detaille que j'ai décrit précédemment — représentée avec honneur à ce Salon.

M. Berne-Bellecour y expose un très intéressant tableau dont le titre est : *Au mouillage.* Des marins à qui ce mouillage a fait des loisirs sont pittoresquement groupés sur le pont d'un bâtiment. Tout le monde ayant du temps à dépenser, chacun le dépense

M. Sinabaldi apparaît au Salon avec une jolie figure de femme qu'il intitule *Une Sultane.*

Elle est debout vêtue d'une robe flottante en satin rose éteint brodé de fleurs vives. Un voile de tulle retenu dans ses cheveux par une épingle d'argent l'enveloppe tout entière et descend jusqu'à ses pieds. On l'aperçoit au travers comme enveloppée d'une brume blan-

à sa guise. On mange, on boit, on fume, on cause, et du mieux qu'on peut on emploie sa flânerie. Les attitudes et les gestes, tout est finement observé, peint et dessiné savamment.

Le *Premier zouave à l'assaut de la Tour Malakoff* de M. Couturier nous conte un héroïque fait d'armes de ce régiment. Sous une pluie de balles, à travers la mitraille qui fauche dans les rangs sans relâche,' y creusant de sanglants sillons, les zouaves viennent d'atteindre au sommet de la tour et l'un d'eux y plante le drapeau français.

M. Couturier a fort bien exprimé l'ardeur endiablée des hommes et leur insouciante intrépidité. Le tableau est vigoureusement peint, dramatique à souhait et très habilement composé.

M. Loustaunau remportait au Salon de l'an dernier un succès très vif avec son *Aérostat*. Le *Lancement d'un pont* qu'il expose cette année est digne, à mon avis, de plus de faveur encore. Le sujet n'était pas de ces plus aisés à traiter et j'imagine que l'artiste a dû se consulter longtemps avant de s'y entreprendre. Bien lui a pris de s'y décider puisqu'il s'est tiré de l'entreprise à son honneur.

Dans le chantier que domine le bec énorme du pont, ses bons hommes évoluent avec une irréprochable précision. On voit que tous leurs mouvements ont été notés scrupuleusement et que le peintre n'a rien abandonné à l'imprévu. De plus, l'œuvre est peinte finement avec un sentiment très juste et très délicat du plein air.

J'avais réservé pour la fin de cette notice l'étude de bon nombre de scènes de la vie populaire et de la vie des champs qui m'avaient, au cours de ma rapide excursion, particulièrement frappé. Mais je vois bien, après compte fait de la place et du temps qui me restent, qu'il me faudra me contenter d'en énumérer quelques-unes.

Il en est une d'abord qu'il importe de signaler : les *Jeunes filles se rendant à la procession* de Jules Breton : œuvre de peintre et de poète à la fois, où chacun a sa part glorieuse. La tête mi-cachée sous le voile blanc, elles s'en vont à travers champs, tenant des fleurs de lis à la main. Toile exquise de simplicité, de sentiment et d'exécution.

M. Aimé Perret sera, sans nul doute, un des peintres à succès du Salon de 1888. Sa *Cinquantaine* a ce qu'il faut pour plaire aux artistes et, sans nul doute, elle charmera le public. J'y louerai particulièrement la figure du curé et celle du héros de la fête. La béatitude de l'un et

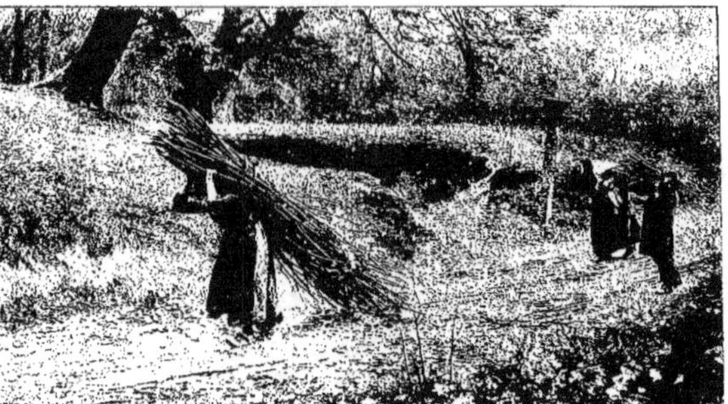

ADAN. — *Novembre.*

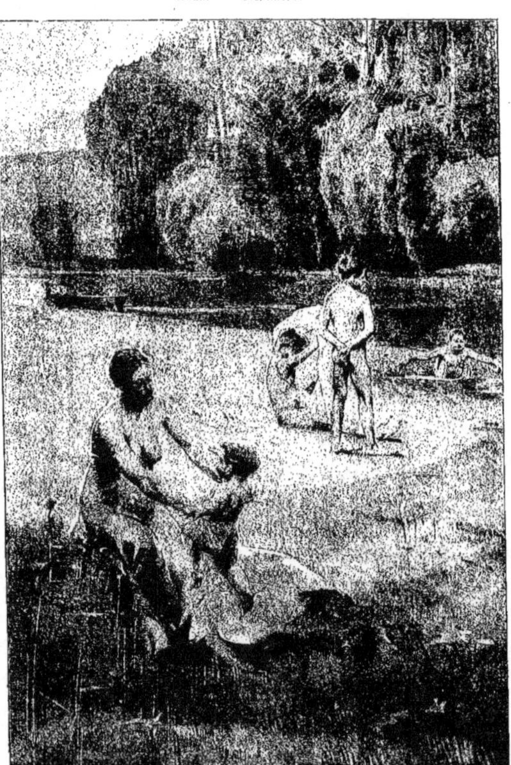

KARBOWSKI. — *L'Été.* (Panneau décoratif.)

le rude effort de l'autre à se soulever pour faire honneur au toast porté par la compagnie y sont exprimés savamment et spirituellement.

Dans son *Départ pour la noce*, M. Brispot nous fait, avec beaucoup d'humour, le récit des inconvénients graves qui peuvent résulter pour un homme. et pour tous ceux que le hasard ou la destinée lui ont donnés pour compagnons, de l'obligation de mettre un gant quand il n'en a pas l'habitude. Ce que je disais du tableau de M. Perret, je le dirai de celui de M. Brispot : il satisfera les artistes par sa belle exécution et il fera la joie du public par l'agrément de son sujet.

La *Consultation* de M. Dantan est un des meilleurs tableaux que j'aie vus de lui. Des sœurs ont conduit chez le docteur une enfant malade et le médecin ausculte attentivement la fillette.

La scène est très bien contée et vaut aussi bien par la sincérité de son impression que par son exécution même.

J'aurais à signaler encore bien des œuvres charmantes à ce Salon, mais je dois me borner, tant le temps me presse, à énumérer parmi les meilleures sans ordre et au hasard des rencontres :

En été, et à *Mi-Chemin*, deux excellents tableaux de M. Ariz ; de M. Bastien-Lepage, la *Décoration d'un porche*, tableau d'une jolie couleur ; de M. Félix Dupuis le *Lac*, une composition d'un bel arrangement où l'on voit la Muse agenouillée aux pieds du poète et semblant guetter sa pensée ; de Mme Demont-Breton, les *Jumeaux* et le *Bain*, de la sincère et belle peinture ; de M. Bompard, *Elle râlait en sanglots sourds*, une toile où se révèle un vrai tempérament, et colorée puissamment ; le *Camille Desmoulins* de M. Barrias, très mouvementé De M. Lansyer, pour joindre à l'intéressante collection de ses paysages de Paris : l'*Institut*, un portrait de monument d'une parfaite ressemblance et exécuté avec une précision et une science qui surprennent ; *Devant l'église* de H. Edelfelt, œuvre pleine de caractère et de couleur ; après le *Naufrage* de M. Brun, toile dramatique ; de savoureuses fleurs de Mme Lemaitre ; un portrait de M. Léon Hennique, par

M. Jeanniot ; une *Tentation de saint Antoine* de M. Quinsac, où l'on voit deux femmes nues d'une carnation savoureuse ; *Une Maîtrise d'enfants* de M. Dawant, qui nous fournit un renseignement intéressant et qui ont un bon tableau.

La *Kermesse* de M. Fourié, une toile de belle humeur, exécutée librement et d'une séduisante coloration ; la *Retenue* de M. Truphème, dans la série de ses *Petites classes*, une de ses meilleures œuvres ; une *Sortie de classe* de M. Geoffroy, avec des frimousses amusantes de garçonnets et de fillettes ; le *Retour de la Foire* de M. Deyrolle, d'une coloration fraîche ; *Au plus fort*, par M. Curel, un combat de coqs, bien conté par un bon conteur ; de M. Hector de Callias, *Une Répétition chez la baronne de L...*, une toile intéressante où l'on reconnaît beaucoup d'artistes distinguées et d'aimables mondaines ; un gracieux portrait de femme de

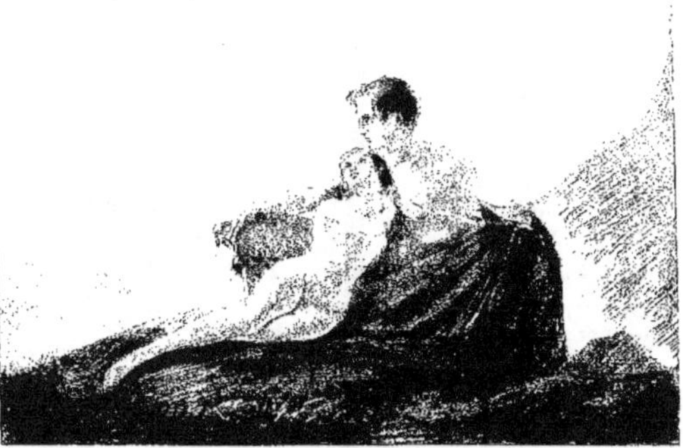

F. Dupuis.   *Le Lac.*

Mᵐᵉ Félicie Mégret ; le *Lavoir de la Houille*, par M. Eugène Feyen, bien dessiné et peint finement ; de M. Eugène Chaperon, le *Pain de munition*, toile un peu sèche, mais d'un dessin exact et serré ; et parmi les œuvres de nos paysagistes : la *Prairie*, de M. Harpignies ; la *Forêt mouillée*, de M. Pointelin ; l'*Orage à Cayeux*, de M. Edmond Yon ; la *Chapelle des marins*, à *Saint Waast*, et la *Plaine de Cayeux*, de M. Guillemet ; de M. Rapin, le *Soir* ; de M. Damoye, son *Coin de Marais en Sologne* ; de M. Pelouze, le *Matin sous bois*.

Bien d'autres encore qui contribuent à faire de ce Salon, ainsi que je l'ai dit, l'un des meilleurs que nous ayons jamais eus.

Harcelé par le « Messieurs, on ferme » des gardiens, j'ai dû gagner précipitamment la porte et je n'ai pu que saluer au passage, à la section de sculpture, le groupe superbe de M. Turcan, l'*Aveugle et le Paralytique* ; la *Nymphe*, de M. Falguière, qui nous revient en marbre ; la belle statue équestre de M. Frémiet, l'*Aïeul* ; de M. Barrias, son *Chant* et sa *Musique* ; le buste de M. Carnot, par M. Chapu ; la *Sainte Agnès*, de M. Deloye ; la *Renommée*, de M. Injalbert ; la *Danse*, de M. Delaplanche, que nous revoyons en marbre ; la *Virginité*, de M. Dampt ; la *Vierge à l'enfant*, de M. Lanson ; l'*Ève*, de M. Marqueste ; le buste, de M. Victorien Sardou, par M. Franceschi ; le groupe en marbre également de M. Godebski, d'un grand caractère et d'un grand style, et les beaux envois de MM. Peynot, Allouard, Rodin, — son charmant buste en marbre — Astruc, Guilbert, Lamy, me promettant bien de les examiner prochainement en détail avec l'attention et le respect qui leur sont légitimement dus.

27-29 avril.

GUSTAVE GOETSCHY.

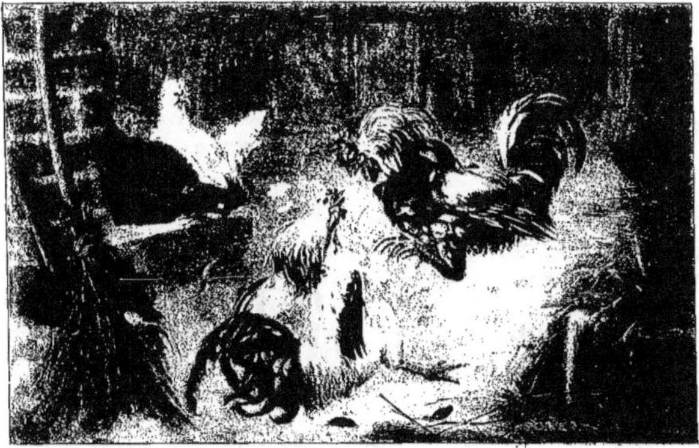

E. Curel. — *Au plus fort.*

Le gérant : GUSTAVE GOETSCHY.

PARIS. — IMP. P. MOUILLOT, 13, QUAI VOLTAIRE.

GRAND DÉPÔT

E. BOURGEOIS

PORCELAINES, FAIENCES, CRISTAUX
21, rue Drouot, à PARIS

en face le Figaro

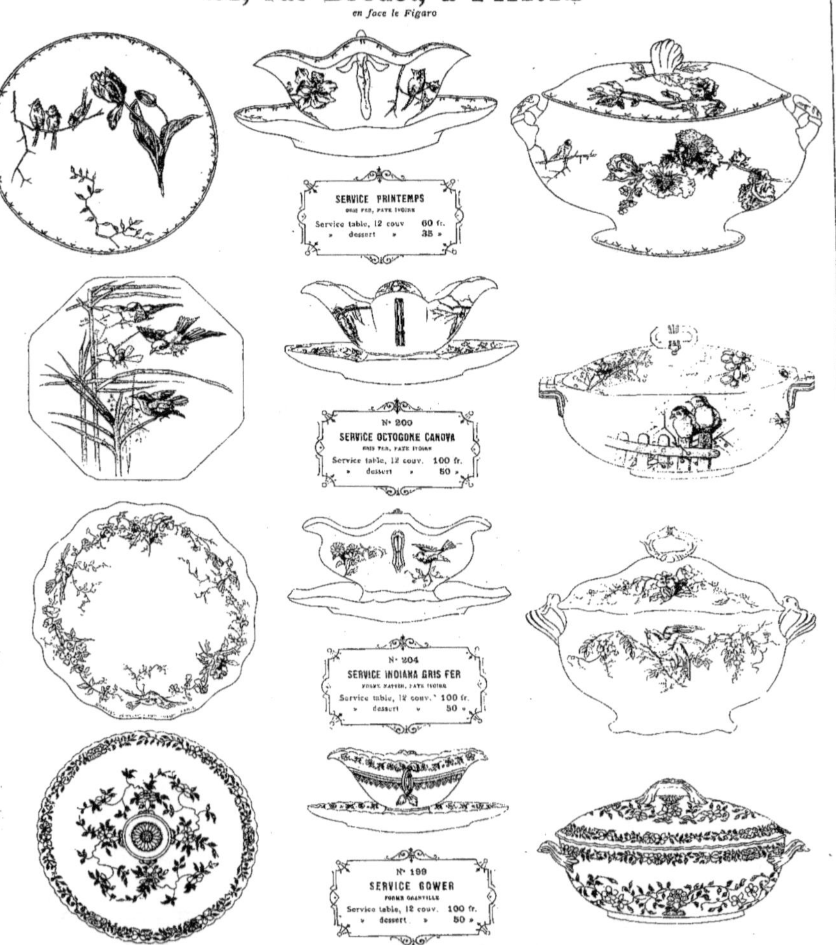

LES SERVICES REPRÉSENTÉS CI-DESSUS PEUVENT ÊTRE LIVRÉS DE SUITE ET RÉASSORTIS A N'IMPORTE QUELLE ÉPOQUE

AVIS. — Au moment des départs pour la campagne, le GRAND DÉPOT, qui ne redoute aucune concurrence comme prix, malgré la supériorité reconnue de ses produits.

Vend : Des **Services de table** de 74 pièces, en faience imprimée, complets pour 12 couverts. . . . . depuis   25 francs
Des **Services en cristal** de 52 pièces, complets pour 12 couverts . . . . —   20 »
Des **Garnitures de toilette** en faience imprimée, composées de 5 pièces. . . . . —   3 25

Les dessins représentant ces Services à bon marché sont adressés GRATIS et FRANCO sur demande.

Son **Magnifique Album** *illustré de chromolithographies, contenant les modèles de Services riches en porcelaine française décorée et en faience artistique, avec les formes, les nuances, les dimensions et les prix, est envoyé franco contre un mandat de 10 fr. qui sont remboursés à la première commande dépassant 100 fr.*

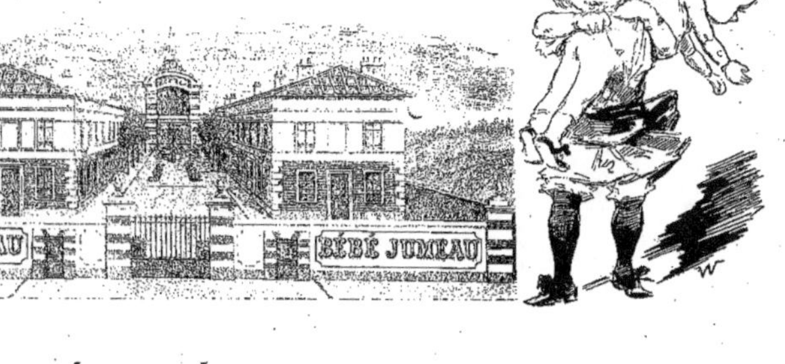

BÉBÉ JUMEAU

DIPLOME D'HONNEUR

RÉCOMPENSE UNIQUE DANS TOUT LE JOUET FRANÇAIS

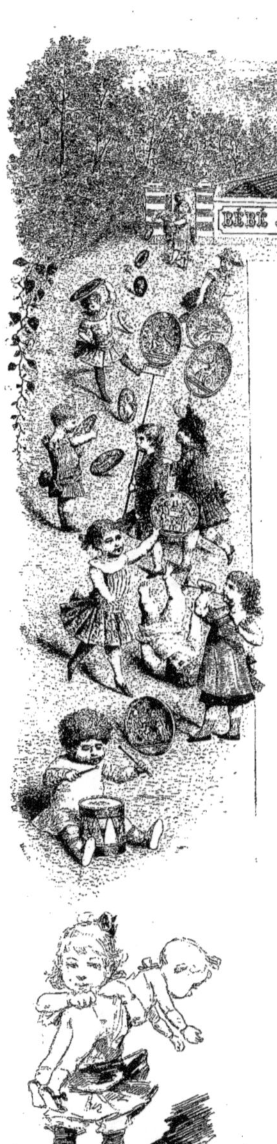

Nous lisons dans le journal *La Vie Moderne* :

La *Vie moderne* se doit à son titre, c'est-à-dire à l'actualité.

En ce moment, l'actualité pour nos jouets français, c'est le *Bébé Jumeau*. Cette charmante industrie si française fait florès actuellement. L'année est à peine commencée, que déjà tout un peuple d'ouvriers et ouvrières s'occupe à fabriquer les délicieux objets que les enfants voient luire dans l'horizon ensoleillé d'espérances qui s'appelle le Jour de l'An, encore bien loin pour eux.

Le roi des jouets a toujours été le bébé. Mais le roi des bébés a été et sera toujours aussi le Bébé Jumeau.

L'exquis bambin fanfreluché de satins et de dentelles, le ravissant bébé aux yeux rieurs, aux cheveux d'or bouclés, n'est-il pas le rêve de toutes les fillettes ?

Un de nos rédacteurs est allé visiter l'usine que possède M. Jumeau à Montreuil-sous-Bois, usine où plus de cinq cents ouvriers sont occupés d'un bout de l'année à l'autre, et il revient prodigieusement intéressé de son voyage. Notre dessin donne une vue très exacte de la manufacture.

On ne se fait pas idée du nombre de mains par où passent les Bébés Jumeau avant d'être le jouet adorable que tous, grands et petits, nous admirons aux vitrines des magasins.

Toutes les parties du corps sont faites à part.

La tête d'abord, qui est en kaolin ; on pétrit le kaolin, on le roule comme de la pâte, en carrés dont l'épaisseur varie suivant la tête, puis on moule et l'on cuit au four. Ensuite on peint les têtes, on leur met les yeux.

Les jambes, les bras, le buste sont en carton-pâte, durci de façon à le rendre incassable, puis peint en rose. On ajoute avec des caoutchoucs spéciaux tous les membres, on place la tête, puis on plante la perruque, et l'enfant, ainsi formé de toutes pièces est revêtu d'une chemise et mis dans une boîte, en attendant le jour où il fera les délices d'une gamine.

Une partie des bébés prend le chemin de la rue Pastourelle, où sont situés les magasins de M. Jumeau, afin qu'on puisse vêtir à la mode de demain messieurs les bébés.

Il y a dans ces magasins des couturières, des modistes, des gantières, des lingères, absolument comme dans un magasin de nouveautés, et toutes les acquisitions d'étoffes et de dentelles sont faites en fabrique tout aussi bien que s'il s'agissait d'une maison habillant des dames.

Comme on le voit, l'industrie des Bébés Jumeau n'est pas celle qui occupe le moins de monde. M. Jumeau a consacré quinze ans de sa vie à perfectionner les bébés, qui vont aux cinq parties du monde porter son nom triomphateur. Depuis plusieurs années déjà, sa charmante création a conquis tous les suffrages, les Bébés Jumeau sont rois et je vous jure que pour eux aucune révolution n'est à craindre.

Il a une fabrique modèle, de vastes magasins, dans lesquels ne sont admis que des ouvriers et des ouvrières exclusivement français.

Grâce à lui, les affreuses poupées allemandes, aux enluminures criardes, n'offusquent plus nos regards. Le Bébé Jumeau s'adresse aussi bien aux riches qu'aux humbles, et cinq cents personnes lui doivent l'existence aisée, sans souci du pain de demain.

A toutes les expositions, en France, à Amsterdam, aux États-Unis, le Bébé Jumeau a remporté les premières récompenses. En 1878, c'était la médaille-d'or ; à Anvers, en 1885, un diplôme d'honneur, la plus haute récompense qui ait été jamais accordée aux jouets ; c'est justice, les jouets ont une importance qu'envieraient beaucoup d'autres industries, en France surtout.

Enfin M. Jumeau a prouvé que notre pays était le pays du goût, de l'élégance, du charme. Il assure, au détriment de la concurrence étrangère, l'existence d'un grand nombre d'ouvriers ; n'est-ce pas la *meilleure* manière d'affirmer son patriotisme ?

En terminant, nous donnons à nos lecteurs un conseil utile. Le bébé est marqué sur la chemise par une étiquette en satin caroubier avec les mots : Bébé Jumeau en lettres d'or, et quand il est habillé par la maison il porte un brassard en satin avec les mêmes mots : Bébé Jumeau, en lettres d'or. De la sorte, il seront certains de posséder le bébé authentique et non sa contrefaçon.

Exiger la marque BÉBÉ JUMEAU

POUR ÉVITER TOUTE CONCURRENCE